BEI GRIN MACHT SICH IHR WISSEN BEZAHLT

AF152316

- Wir veröffentlichen Ihre Hausarbeit,
  Bachelor- und Masterarbeit

- Ihr eigenes eBook und Buch -
  weltweit in allen wichtigen Shops

- Verdienen Sie an jedem Verkauf

Jetzt bei www.GRIN.com hochladen und kostenlos publizieren

Trine Wenzel

Untersuchung zur Erlernbarkeit von Religion

GRIN Verlag

Bibliografische Information der Deutschen Nationalbibliothek:

Die Deutsche Bibliothek verzeichnet diese Publikation in der Deutschen National-
bibliografie; detaillierte bibliografische Daten sind im Internet über http://dnb.d-
nb.de/ abrufbar.

Impressum:

Copyright © 2011 GRIN Verlag GmbH
Druck und Bindung: Books on Demand GmbH, Norderstedt Germany
ISBN: 978-3-656-48609-1

Dieses Buch bei GRIN:

http://www.grin.com/de/e-book/211761/untersuchung-zur-erlernbarkeit-von-religion

GRIN - Your knowledge has value

Der GRIN Verlag publiziert seit 1998 wissenschaftliche Arbeiten von Studenten, Hochschullehrern und anderen Akademikern als eBook und gedrucktes Buch. Die Verlagswebsite www.grin.com ist die ideale Plattform zur Veröffentlichung von Hausarbeiten, Abschlussarbeiten, wissenschaftlichen Aufsätzen, Dissertationen und Fachbüchern.

Besuchen Sie uns im Internet:

http://www.grin.com/

http://www.facebook.com/grincom

http://www.twitter.com/grin_com

Essay von 2011 zu dem Thema:

Ist Religion lernbar?

„Meine Eltern sind nicht gläubig und gehen nur zu Weihnachten in die Kirche, aber ich durfte mich trotzdem taufen lassen!"[1]

Kim, ein Kind aus der Kirchengruppe, wurde atheistisch aufgezogen. Sie besuchte kurzzeitig einen integrativen Kindergarten, von dem sie so geprägt wurde, dass sie sich später auf eigenen Wunsch taufen ließ.

Anhand dieses Falles lässt sich erkennen, dass man auf verschiedenen Wegen zum Glauben finden kann. Hat sie sich aber Religion selber angeeignet? Kann man durch Lernen Religion überhaupt erfahren?

Da die anfangs aufgeführte Problemfrage zu komplex ist, werde ich mich in meinen Ausführungen lediglich auf die Frage, ob *Religion lernbar ist*, beziehen. Um näher auf diese Kernfrage eingehen zu können, bedarf es der Klärung, was Religion ist, eine Definition. Auf der ganzen Welt existieren viele Religionen, vom Christentum über Buddhismus bis hin zu Naturreligionen. Doch von welcher Religion soll man bei einer allgemeinen Definition ausgehen, von mehreren unterschiedlichen Religionen oder von allen möglichen Religionsarten?

Es herrscht eine Pluralität von Religion, da es verschiedenste Religionsformen gleichzeitig nebeneinander gibt. Jede Religion hat eigene Traditionen, Ausdrucksformen, Gottesbilder, z.T. eigene Schriften und Inhalte. Die Christen vertreten den Glauben an Jesus, andere glauben an Götter oder an alles Übernatürliche.

Es existieren unterschiedliche Methoden der Religionsdefinition, z.B. die funktionale, substantielle, genetische oder die philosophische Definitionsmethode. Doch jede dieser Methoden weißt auch Probleme auf, beispielsweise, dass die Definition zu eng oder zu weit gefasst ist. Der komplexe Begriff „Religion" lässt sich also nicht allgemeingültig definieren, lediglich Ansätze einer Religionsdefinition sind möglich.

„Als religiöß werden [...] alle jene Formen angesehen, indem der Glaube an einen oder mehrere Götter im Mittelpunkt steht."[2] Diese spezielle Aussage der substantiellen Definitionsmethode entspricht auch meiner Auffassung, denn Religion ist allgemein die

---

[1] M., Kim: 11 Jahre, Thüringen, 2008.
[2] Pollack, Detlef: „Was ist Religion?", ZfR 3,1995, S. 168.

Hinwendung zu Etwas oder Jemanden.

„Religion ist ein Prisma, von dessen 7 Farben jeder seine Lieblingsfarbe wählen mag, aber alle rühren nur von einem Sonnenstrahl."[3] Dieses Zitat von K. J. Weber verdeutlicht, dass jeder Mensch seinen Glauben anders auslebt, individuell, und das alle Religionen etwas verbindet, m.E. ist dies der Glaube.

Religion ist für mich als Protestant die Hinwendung zu Gott, den Glauben an den *einen* Gott und seinen Sohn Jesus Christus.

„Glaube [...] kann man nicht selber herstellen und machen, er stellt sich ein, man erfährt ihn als Geschenk."[4] Dieser Aussage stimme ich zu, denn Glauben kann man erfahren oder nicht. Glaube ist für mich eine persönliche Überzeugung. Das „Geschenk" bedeutet meines Erachtens, dass man durch den Glauben Halt und Vertrauen finden kann und so auch sein Lebensziel erkennen kann. Wer glaubt, braucht keinen Beweis. Glaube entwickelt sich von der Kindheit an und ändert sich auch im Laufe des Lebens, z.B. durch die Gesellschaft, Umwelt oder persönliche Erfahrungen. Religion basiert auf Glauben.

Protestanten bekennen ihren Glauben durch das Glaubensbekenntnis und Gebete. Die Auferstehung nach dem Tod ist das Ziel des christlichen Glaubens.

Ich als Protestant, glaube fest an Jesus Christus. Er ist für mich die Hoffnung, dass Gott sich in der Welt verwirklicht hat und dass durch ihn die Auferstehung möglich ist, weil er am Kreuz gestorben ist und so alle Sünden der Menschen auf sich genommen hat. Das ist meine Überzeugung, für die ich keinen Beweis herbei sehne.

Somit vermittelt Religion eine Sinnerfahrung. Der Glaube hingegen stellt eine tiefe emotionale, intime Bindung zu Gott (bzw. Göttern) dar.

Doch kann man Religion und Glauben lernen? Dafür wird im Folgenden der Begriff „Lernen" definiert. „Lernen ist ein Grundvorgang des menschlichen Lebens[...]"[5], man lernt also im Laufe des Lebens unbewusst dazu. „Lernen ist ein Aneignungsprozess, bei dem Umweltreize und interne Verarbeitungsreaktionen zusammenspielen."[6] Jedoch gibt es verschiedene Lerntheorien, zum einen die klassische Konditionierung, die „[...] Reize als Bedingungen für assoziative Verknüpfungen vertsteht; Lernen gilt hier als Informationsverarbeitung [...]"[7]. Beim klassischen Modell erfolgt also Lernen durch Reize, die eine bestimmte Reaktion

---

[3] Weber, K. J., Demokritos
[4] Kunstmann: Religionspädagogik, Tübingen, 2009, S.37
[5] Kunstmann: Religionspädagogik, Tübingen, 2004, S.221.
[6] ebd., S.222.
[7] ebd.

auslösen können.

Zum anderen gibt es auch das kognitive Lernen, dass „[…]die innere Beteiligung hervorhebt."[7] Zum letzteren gehört auch das Lernen am Modell, d.h. der Mensch „[…] lernt in der Regel durch unbewusste Nachahmung[…]"[7] Modelle sind hierbei als Vorbilder zu verstehen, die man beobachtet und dann nachahmt.

Zusammenfassend ist Lernen also ein fortlaufender Prozess, aber was bedeutet religiöses Lernen?

Religiöses Lernen entsteht m.E. automatisch und unbewusst. Man beobachtet z.b. eine religiöse Person, nimmt das Verhalten dieser Person wahr, denkt darüber nach und man findet Gefallen an diesem Verhalten, dann führt man das zuvor beobachtete Verhalten selbst aus; es entspricht dem Lernen am Modell. Dies kann man auch auf das Eingangsbeispiel, auf Kim beziehen. Sie hörte von Erziehern und Kindern Geschichten von Gott und Religion, machte erste Erfahrungen. Sie beobachtete diese Bezugspersonen im Umgang mit Religion und Glaube. Die Erzieher und Kinder wurden ihre Modelle, sozusagen ihre Vorbilder. Sie eignete sich also das Verhalten ihrer Vorbilder an und ahmte es nach bzw. führte es dann selber aus, so zum Beispiel das selbstständige Beten.

„[…]Erfahrungen müssen die Grundlage bewusster religiöser Prozesse sein[…]"[8], religiöse „Betroffenheits-Erfahrungen"[8], lassen Religiosität entstehen. Dieser Aussage stimme ich zu, denn oftmals sieht man in Ausnahmesituationen, z.B. durch einen Schicksalsschlag, das Leben und die Welt anders und wird dadurch erst wieder oder das erste Mal, sensibel für Religion und Glauben.

Ist Religion nun lernbar?

Meiner Meinung nach ist Religion durchaus lernbar.

Religion basiert zwar auf dem Glauben, doch man muss nicht gläubig sein, um etwas über Religion zu lernen. Man lernt bereits unbewusst, wenn man sich mit Religion auseinandersetzt, auch wenn man nur einmal über diese nachdenkt oder sich Fragen darüber stellt. Religiöses Lernen ist ein Prozess, man lernt immer wieder dazu.

Glaube ist dem ständigen Wandel unterlegen, durch kulturelle, gesellschaftliche und soziale Faktoren. Glaube ändert sich durch neue Erfahrungen, die man in seinem Leben macht.

---

[8] Kunstmann: Religionspädagogik, Tübingen, 2004, S.225.

3

Jedoch können nur die Menschen Religion lernen, erfassen und verstehen, die es auch zu lassen. Das Mädchen aus dem Eingangsbeispiel, Kim, hat sich einfach auf Religion eingelassen und Stück für Stück immer mehr über Religion gelernt. Diese neuen Erfahrungen hat sie als positiv für sich bewertet. So eignete sie sich religiöse Verhaltensweisen selbst an. Nächstes Jahr wird sie sich sogar konfirmieren lassen.

Religion lernen bedeutet, nicht nur zu verstehen, um was es in der Religion geht, sondern zu begreifen, wie diese die Sicht auf das eigene Leben und die Welt verändern kann.

In einer Religion kann man sich von etwas Größerem geborgen und getragen fühlen. Damit viele dieses Gefühl erleben können, ist es wichtig, diese Chance der jungen Generation, vor allem durch den Religionsunterricht, aufzuzeigen.